# Unser Stuttgart geht unter
## Die Bombenangriffe im Juli und September 1944

Andreas Förschler

# Unser Stuttgart geht unter

## Die Bombenangriffe im Juli und September 1944

Landesmedienzentrum Baden-Württemberg (LMZ)

Deutsche Städte im Bombenkrieg · Wartberg Verlag

**Literatur:**

Bardua, Heinz: Stuttgart im Luftkrieg 1939–1945. Stuttgart 1985. (Veröffentlichungen des Archivs der Stadt Stuttgart; 35)
Friedrich, Jörg: Der Brand. Deutschland im Bombenkrieg 1940–1945. München 2002.
Sebald, Winfried Georg: Luftkrieg und Literatur. Frankfurt am Main 2001.
Stuttgart im Zweiten Weltkrieg. Ausstellung vom 1.9.1989 bis 22.7.1990. Katalog. Gerlingen 1989.

**Fotonachweis:**

Fotoarchiv des Landesmedienzentrums Baden-Württemberg
Titel, 3, 5, 6, 7, 16, 18, 19 oben, 21, 25, 26, 27, 30, 31, 32, 33, 34, 38, 39, 40, 41, 42, 43, 44, 45, 47, 48, 49, 50, 51, 52
Stadtarchiv Stuttgart, Fotosammlung
1, 10, 11, 13, 14, 15, 17, 20, 22, 23, 24, 28, 29, 35, 36, 46
Andreas Förschler
19 unten, 53, 54, 55, 56, 57, 59, 60, 61, 63
Nicht jede der abgebildeten Aufnahmen konnte datiert werden

Hrsg. Landesmedienzentrum Baden-Württemberg (LMZ)

1. Auflage 2004

Satz und Layout: Typographische Dienste Ulrich Weiss, Borken (Hessen)
Druck: Thiele & Schwarz, Kassel
Buchbinderische Verarbeitung: Buchbinderei Büge, Celle

34281 Gudensberg-Gleichen, Im Wiesental 1
Tel.: 0 56 03/9 30 50
www.wartberg-verlag.de
ISBN 3-8313-1364-4

## „Den Opfern zum Gedächtnis, den Lebenden zur Mahnung"

*Beide Aufnahmen zeigen den Blick vom Rathaus der Stadt Stuttgart in Richtung der 1531 fertig gestellten Stiftskirche. 1926 ist im Vordergrund die alte dichte Bebauung an den verwinkelten Hausdächern noch gut zu erkennen. Links von der Stiftskirche ist das Dach des Landtagsgebäudes an der Kronprinzstraße zu sehen, rechts von der Kirche der Schillerplatz (1926). Zwanzig Jahre später sind die alten Fachwerkhäuser bis auf die Grundmauern abgebrannt. Vorn links sieht man noch die Bögen des Hauflerschen Hauses aus dem 14. Jahrhundert. Der Blick vom Marktplatz reicht direkt bis zum Schillerplatz. Das alte Stuttgart ist zerstört (1946).*

Diese Inschrift auf dem Trümmerberg des alten Stuttgarts, dem Birkenkopf, drückt am besten aus, worum es in diesem Buch geht. Der Verlust des alten Stadtbildes und wertvoller Kulturgegenstände darf uns nicht vergessen lassen, dass der Bombenkrieg vor allem Menschen getroffen hat. Sie wurden unter den Trümmern begraben, fanden den Tod in den Flammen des Feuersturms oder erstickten in den Bunkern. Aber auch die Überlebenden wurden an Körper, Geist und Seele von den Angriffen und den Luftwarnungen gezeichnet. Für einen Nachgeborenen sind die Schrecken dieser Zeit unvorstellbar, daher soll dieses Buch über den Untergang des alten Stuttgart als Annäherung verstanden werden. Eine Annäherung auch deshalb, weil auf den Fotografien vor allem zerstörte Häuser und Gebäude im Mittelpunkt stehen, die zerstörten Leben lassen sich nicht wiedergeben. Nicht nur die deutschen Bewohner der Städte sind zum Opfer dieses Krieges geworden, auch zahllose Zwangsarbeiter, Kriegsgefangene und KZ-Häftlinge fanden in den Angriffen den Tod. Deutsche Jagdflieger und Flakbesatzungen, jugendliche Luftwaffenhelfer und Luftwaffenhelferinnen, Luftschutzhelfer und Feuerwehrleute, sowie auch zahlreiche alliierte Bomberbesatzungen starben in diesem Luftkrieg neuen Ausmaßes – den Opfern zum Gedächtnis.

Den Lebenden zur Mahnung – auch heute werden noch Luftangriffe auf Städte ausgeführt, und trotz modernster Technik werden eben nicht nur so genannte „militärische Ziele" getroffen, sondern auch die Zivilbevölkerung. Dies zeigt uns heute Lebenden, dass leider aus den deutschen und alliierten Bombenangriffen des Zweiten Weltkriegs keine Konsequenzen gezogen wurden. Dennoch beschäftigt sich die Öffentlichkeit in den letzten Jahren wieder mit den Angriffen. Sendungen im Fernsehen greifen das Thema ebenso auf wie die Zeitschriften GEO und Spiegel. 1997 setzte sich Winfried G. Sebald in seinen Züricher Vorlesungen mit dem Verhältnis von Literatur und Luftkrieg auseinander. Er stellt die These auf, dass die Schriftsteller im Nachkriegsdeutschland unfähig waren, das Grauen der Angriffe literarisch umzusetzen. Auch Jörg Friedrichs Buch „Der Brand" rückte das Thema wieder in den Blick der Öffentlichkeit. Mit diesem sehr emotional geschriebenen Buch wird laut Klappentext „Eine befremdliche Lücke in unserem nationalen Gedächtnis (...) endlich geschlossen." Doch ist gerade der Bombenkrieg in der deutschen Erinnerungskultur fest verankert; Hamburg, Dresden und Pforzheim sind Synonyme für die Zerstörung der deutschen Städte geworden. Der von den Medien stilisierte Tabubruch Friedrichs macht aber deutlich, dass immer noch eine fundierte wissenschaftliche Gesamtdarstellung zu diesem Thema fehlt. Für Stuttgart wurden die Publikationen „Stuttgart im Luftkrieg" von Heinz Bardua und der Katalogband „Stuttgart im Zweiten Weltkrieg" veröffentlicht, die inzwischen vergriffen sind.

Mit diesem Band werden die Auswirkungen der Luftangriffe auf die Stadt ins Gedächtnis gerufen. Dazu habe ich Fotos aus den Beständen des Fotoarchivs des Landesmedienzentrums Baden-Württemberg, des Stadtarchivs Stuttgart und private Bilder zusammengestellt. Den Mitarbeitern beider Archive danke ich an dieser Stelle für die Hilfe bei der Recherche. Stuttgart zählt mit 21 246 Tonnen an abgeworfenen Bomben zu den deutschen Städten, die am schwersten betroffen wurden. Stuttgart zählt aber dennoch nicht zu den am stärksten zerstörten Städten in Deutschland, wie die Städte im Ruhrpott, es zählt auch nicht zu den Städten mit den meisten Toten wie Hamburg, Dresden oder Pforzheim. Dennoch hat der Luftkrieg die Stadt verändert und zahlreiche Opfer gefordert. Dieser Bildband erinnert so vor allem an die 4562 Toten der Angriffe auf Stuttgart, die überwiegend auf den Ehrenfeldern des Hauptfriedhofs Steinhaldenfeld und des Waldfriedhofs ihre letzte Ruhe gefunden haben. Davon waren 770 Ausländer. 227 französische und 143 russische Kriegsgefangene kamen allein beim 9. Angriff auf Stuttgart am 15. April 1943 durch einen Volltreffer in ihren ungenügenden Deckungsgräben ums Leben. Denn es gab oft keine ausreichenden Bunkerplätze für Fremdarbeiter und Kriegsgefangene.

Aufseiten der alliierten Bomberbesatzungen rechnet Heinz Bardua für die Angriffe auf Stuttgart mit über 2000 Toten, dazu kommen noch die Toten der deutschen Luftabwehr. Im April 1945 wurde das Flächenbombardement in Hinblick auf die kommende Besetzung Deutschlands eingestellt. Damit war diese schreckliche Phase des Krieges für die verbliebenen Menschen in den Städten beendet.

*Andreas Förschler*

# Stuttgart vor dem Krieg

Die Stadt Stuttgart entwickelte sich in der geschützten Lage des Nesenbachtales als Residenzstadt der Grafen, Herzöge und späteren Könige von Württemberg. Im Mittelalter und in der Frühen Neuzeit wurde die Stadt von Weinbauern und Bediensteten des Hofes bewohnt. Reiche Kaufleute wie in Esslingen gab es hier nicht. Dementsprechend gab es hier nicht so viele prächtige Bürgerhäuser und Kirchen wie in der Nachbarstadt.

Der Ursprung der Siedlung soll auf die sagenhafte Gründung eines Gestüts, den „Stutengarten", durch Herzog Liutolf im 10. Jahrhundert zurückgehen. Neuere Grabungen im Bereich der Stiftskirche und des Alten Schlosses ergaben aber schon ältere karolingische und alemannische Funde. Es gab auch noch andere Siedlungsschwerpunkte im Tal des Nesenbachs. Die Stadt konzentrierte sich im 12. Jahrhundert in der Nähe der Wasserburg, dem späteren Alten Schloss und der heutigen Stiftskirche. Ab 1313 diente diese den Württembergern als Residenzstadt. Die Kirche wurde zur Stiftskirche und zur Grablege des Geschlechts.

Die Stuttgarter Altstadt bestand beim Ausbruch des Krieges aus drei Vierteln: die eigentliche Altstadt um den Marktplatz und den Schillerplatz mit der Stiftskirche, dem Alten Schloss und dem Rathaus. Nach Süden die im 14. Jahrhundert ausgebaute Leonhardsvorstadt mit der Leonhardskirche, und im Westen die planmäßig im 15. Jahrhundert angelegte Obere Vorstadt mit der Hospital-Kirche, einem ehemaligen Dominikanerkloster. Einen weiteren Bereich bildeten die Gärten mit dem barocken Neuen Schloss. An die alten Stadtgebiete fügten sich im 19. Jahrhundert die klassizistischen und gründerzeitlichen Erweiterungen der Stadt an der Königstraße, der Neckarstraße und die Viertel im Norden, Süden, Westen und Osten an. Es entstanden zahlreiche Kasernen, Fabrikbauten und Arbeitersiedlungen auf den wenigen flachen Gebieten der Stadt im Westen und Osten; die Hanglagen des Stuttgarter Talkessels wurden mit Villen bebaut. Auch kam es ab 1899 zu einigen Eingemeindungen, die das Stadtgebiet vergrößerten und ein Groß-Stuttgart schufen. Gaisburg, Cannstatt, Untertürkheim, Wangen und Degerloch bildeten den Anfang. Die Stadt breitete sich ins Neckartal aus. Durch die geografische Lage sind die verschiedenen Stadtteile auch heute noch deutlich voneinander durch Bergrücken oder Grünanlagen getrennt. Auch im 20. Jahrhundert wurden zahlreiche Erweiterungen der Stadt vorgenommen. So der Neubau des Hauptbahnhofes, oder die architekturgeschichtlich bedeutende Weißenhof-Siedlung. Die historische Bausubstanz der Innenstadt war vor allem im Bereich des Zentrums durch Neubauten abgelöst worden. Der Neubau des Rathauses, der Neubau des Viertels an der Geißstraße, der Tagblattturm oder die Kaufhausbauten von Tietz, Schocken und Breuninger hatten das Gesicht der Stadt verändert. Die alten verwinkelten Fachwerkbauten galten als unhygienisch und konnten den Ansprüchen an ein modernes Wohnen nicht mehr genügen. So gab es schon vor dem Krieg Vorschläge und Pläne, die Stadt radikal zu verändern, Straßen zu verbreitern und ein modernes Stuttgart aufzubauen. Im Dritten Reich wurde zudem geplant, auf den Höhen nationalsozialistische Prachtbauten entstehen zu lassen.

Die Altstadt war vor allem Geschäftsstadt und Wohnstadt. Der Westen wurde geprägt von Krankenhäusern, zwei großen Kasernen und einzelne Fabriken, wie z. B. Bosch, war aber auch vor allem Wohngebiet, so wie der Süden. Im Stuttgarter Osten gab es einige Fabriken sowie die städtischen Gaswerke. Besonders industriell geprägt waren Cannstatt und Untertürkheim durch Daimler und Feuerbach durch die Bosch-Werke. Insgesamt war Stuttgart eine Industriestadt. Der bauliche Charakter der Stadt vor der Zerstörung wurde aber noch durch spätmittelalterliche Fachwerkhäuser, Renaissancebauten, barocke und klassizistische Gebäude sowie die überladen geschmückten Fassaden des Historismus geprägt.

*Das Foto von 1933 zeigt noch die verputzten Fachwerkhäuser hinter dem Kaufhaus Breuninger in der Unteren Bachstraße an der Kreuzung zur Lederstraße. Bis zur Überwölbung im 19. Jahrhundert floss hier der Nesenbach in einem Kanal. Die Häuser wurden zerstört, und die Untere Bachstraße sucht man heute auf einem Stadtplan vergebens. Sie lag zwischen der Karlstraße und der heutigen Stadtautobahn B14.*

*Über die Dächer der Häuser zwischen Holzstraße und Esslinger Straße geht der Blick bei dieser Aufnahme. Links sind die Häuser der Hauptstätter Straße, einem Straßenmarkt aus dem 15. Jahrhundert, zu erkennen, dahinter erheben sich der Tagblattturm und der Turm des Graf-Eberhard-Baus. Dort, wo einst die alten Häuser standen, braust heute der Verkehr.*

▶ *Im Westen ist heute auch noch die Johanneskirche am Feuersee ein malerischer Ort. Die Kirche wurde von Leins bis 1876 erstellt. Der Innenraum war mit kräftigen Farben im neugotischen Stil ausgestaltet. Am 26. Juli 1944 wurde die Kirche zerstört. Schwer beschädigt wurde sie bis 1966 in veränderter Form neu aufgebaut. Noch heute erinnert die fehlende Turmspitze an den Krieg. Von den 26 Kirchen des Stadtdekanats Stuttgart waren am Ende des Krieges 25 zerstört (1929).*

▲ *An der Ecke Kronprinz- und Lindenstraße stand dieses um 1580 erbaute bedeutende Renaissancegebäude der württembergischen „Landschaft", einem Vorläufer des Landtages. Das „Ständehaus" wurde im Luftkrieg zerstört, die Reste 1957 abgerissen; heute fährt man dort in eine Tiefgarage (ca. 1933).*

▶ *Direkt neben dem Landschaftsgebäude stand das Landtagsgebäude von 1819 in der Kronprinzstraße. In dem berühmten Halbmondsaal tagte 1849 das Rumpfparlament der 48er-Revolution, nachdem es aus Frankfurt vertrieben worden war. Am 8. Juni 1933 wurde die parlamentarische Tradition in diesem Saal von den Nationalsozialisten beendet. Heute erinnert nur noch eine versteckte Tafel an diesen Ort der württembergischen Demokratie (1931).*

# Die Entstehung des Luftkrieges

Schon bei den ersten Überlegungen des Menschen, sich in die Luft zu erheben, spielte die militärische Nutzung eine Rolle. So verknüpfte sich von Anfang an auf unheilvolle Weise der Traum vom Fliegen mit dem Machtstreben des Menschen. Die erste Nutzung von Flugobjekten im Krieg diente der Aufklärung. Von der erhöhten Warte des Fesselballons aus konnten die Bewegungen des Feindes wahrgenommen werden. Allerdings fehlten geeignete Steuerungsmechanismen. Dies wurde mit der Entwicklung von Luftschiffen und Flugzeugen anders, die zu Angriffswaffen ausgebaut wurden. Diese „Luftwaffe" sollte nun das Landheer und die Marine unterstützen. Der Einsatz wurde als Eroberungsbombardement angesehen, die neuen Luftstreitkräfte als mobile Artillerie.

Als nächster Entwicklungsschritt folgte das Zerstörungsbombardement, bei dem die Luftstreitkräfte nicht mehr die Bodentruppen unterstützten, sondern eigenständig Ziele angriffen. Diese Vorgehensweise wurde für das Militär immer wichtiger, da die Technisierung des Krieges die Grenzen zwischen Front und Hinterland verwischte. Die Front konnte aber nur mit dem Flugzeug und dem Zeppelin überwunden werden. Trotz internationaler Bemühungen, ein Bombenabwurfsverbot durchzusetzen, gelang dies vor dem Ersten Weltkrieg nicht. In Anlehnung an Artikel 25 der Haager Landkriegsordnung durften nur befestigte und verteidigte Städte aus der Luft angegriffen werden; ein eigenes Luftkriegsrecht wurde aber nicht verabschiedet.

Zu Beginn des Ersten Weltkrieges waren die Voraussetzungen zum Bombenkrieg geschaffen. So wurde das von den Deutschen eingeschlossene Antwerpen in der Nacht vom 24. auf den 25. August 1914 aus der Luft bombardiert. Das Deutsche Reich setzte zur Bombardierung zuerst Zeppeline ein. Die Engländer griffen darauf die Zeppelinhallen in Düsseldorf und Friedrichshafen an. Zahlreiche Angriffe gegen Paris und englische Städte folgten von deutscher Seite. Sah der taktische Luftkrieg noch den Einsatz gegen die gegnerischen Soldaten vor, gewann nun der strategische Luftkrieg immer mehr an Bedeutung. Zentrales Motiv für die Angriffe wurden die so genannten militärischen Objekte – Industrieanlagen, Verkehrswege, Verwaltungseinrichtungen ... Die bei Nacht durchgeführte Zeppelinoffensive gegen England führte zu Abwehrmaßnahmen der Engländer; es wurde Verdunkelung angeordnet und Flugabwehrgeschütze eingerichtet. Diese Maßnahmen hatten wiederum zur Folge, dass die Genauigkeit der Zeppelinangriffe nachließ und häufig die Zivilbevölkerung getroffen wurde. Die Luftschiffe erwiesen sich nun als zu unbeweglich und spielten keine weitere Rolle im Luftkrieg. Mehr Tote forderten die Angriffe der neuen deutschen Bombenflugzeuge. Die Angriffe wurden nach dem bekanntesten Modell „Gotha-Offensive" benannt.

Ab dem Sommer 1917 wurden Tagesangriffe geflogen, die auf Grund der hohen Verluste aber in die Nacht verlegt wurden. Bis Mai wurde London 19-mal angegriffen. Die Angriffe bewirkten bei der englischen Bevölkerung einen wachsenden Zusammenhalt und stärkten die Kriegsbegeisterung. Die Franzosen warfen den Deutschen den Angriff auf unverteidigte Städte vor und griffen dafür deutsche Städte an. Stuttgart wurde am Morgen des 22. September 1915 von vier französischen Maschinen angegriffen; die Luftabwehr hatte sie nicht als feindliche Maschinen erkannt. Erst nach dem Bombenabwurf wurden sie von den Abwehrgeschützen ohne Erfolg beschossen.

Vier Zivilisten und drei Soldaten waren die ersten Luftkriegsopfer Stuttgarts. Stuttgart wurde im Verlauf des Krieges 10-mal angeflogen, es kamen bei diesen Luftangriffen insgesamt 22 Menschen ums Leben und 78 wurden verwundet. Der Angriff am 22. Juni 1916 auf Karlsruhe forderte dagegen 110 Tote und 123 Verwundete. Die Schrecken der technischen Entwicklung zukünftiger Kriege konnten damals schon gesehen werden. Jeder beschuldigte den anderen des Kriegsverbrechens und der Niedertracht. Jeder schrie nach Vergeltung, was zu einer weiteren Eskalation führte.

Nach dem Ersten Weltkrieg war Deutschland vom Aufbau einer Luftwaffe ausgeschlossen. Der Krieg hatte aber neue Strukturen geschaffen. Neue Flugzeugtypen belegen diese Entwicklung: Aufklärungsflugzeuge, Schlachtflugzeuge für die Unterstützung des Erdkampfes, taktische Bomber mit geringer Reichweite, strategische Bomber mit großer Reichweite und Jagdflugzeuge. Die Technisierung des Krieges hatte zur Folge, dass den Fabriken mit ihren Arbeitern und damit den Städten militärische Bedeutung zukam. Die festen Fronten des Stellungskrieges konnten nach Ansicht der Theoretiker nur durch den strategischen Einsatz von Bombern aufgebrochen werden. Der Luftwaffe wurde so die entscheidende Rolle in einem neuen Krieg zugebilligt. Die Engländer widmeten sich schon während des Ersten Weltkrieges als Reaktion auf die deutschen „Gothas" verstärkt dem Bomberbau. Ein Teil der neu entstandenen Royal Air Force entwickelte die Doktrin, dass keine Präzisionsangriffe auf Industrieanlagen notwendig seien, sondern massive Bombardements auf die Städte. Die moralische Wirkung sei höher zu bewerten als die faktische Wirkung auf die Kriegswirtschaft des Gegners. Die USA, deren Air Force erst sehr spät aufgebaut wurde, bevorzugten dagegen präzise strategische Bombenangriffe.

Die deutsche Reichswehr versuchte schon bald nach dem verlorenen Krieg, entgegen den Bestimmungen des Versailler Vertrages, eine Luftwaffe aufzubauen. In den 20er-Jahren wurden deutsche Piloten in Russland ausgebildet; auch Konstrukteure, wie Junkers, konnten dort wieder militärische Flugzeuge produzieren. Die Flugzeuge mussten den schnellen Vorstoß motorisierter

Einheiten unterstützen, die Front sollte so nie zum Stillstand kommen. Die deutsche Luftwaffe wurde auf den taktischen Luftkrieg ausgelegt. Auch fehlten durch die Beschränkungen des Versailler Vertrages die Voraussetzungen, um Langstreckenbomber entwickeln zu können. Mit der Machtübernahme bauten die Nationalsozialisten die Luftwaffe zuerst im Geheimen auf.

Offiziell lehnte Deutschland daher das strategische Bombardement ab. Dennoch wurden im spanischen Bürgerkrieg durch die deutsche „Legion Condor" gezielt Städte angegriffen, um Flugzeuge und Bomben zu testen. Das unverteidigte Guernica wurde bombardiert; die Stadt lag an einer Rückzugsroute der republikanischen Truppen, die durch den Ort und über eine nahe gelegene Brücke führte. Eröffnet wurde der Angriff durch eine einzelne Heinkel He 111. Danach folgten Jagdflugzeuge des Typs Heinkel He 51, welche die Menschen auf der Straße beschossen, als sie versuchten, den Bombenopfern zu helfen. Ein weiteres Mal wurde der Ort mit 23 veralteten Behelfsbombern des Typs Junkers Ju 52 bombardiert und danach wurden die Bewohner wieder von Jagdflugzeugen beschossen. Der Angriff forderte 250 Tote und 500 Verletzte. Die Brücke blieb ganz, obwohl sie später als das Hauptangriffsziel bezeichnet wurde. Es ging darum, die Stadt zu zerstören. Die zivilen Opfer wurden bewusst in Kauf genommen. Auch die Engländer hatten in ihren Kolonialkriegen Dörfer und Zivilisten bombardiert, ebenso die Franzosen im Rif-Krieg 1925/1926, die Italiener im Abessinien-Krieg 1935/1936 und die Japaner im japanisch-chinesischen Krieg. Ob es sich nach juristischen Maßstäben jeweils um Kriegsverbrechen gehandelt hat oder nicht, kann hier nicht geklärt werden. Diese Anfänge sind moralisch zu verurteilen. Die Bombardements bildeten zusammen mit den Luftkriegstheorien die Ausgangslage für die Flächenbombardements von Städten im Zweiten Weltkrieg.

Doch warum gelang es der zivilisierten Welt nicht, die absehbaren Schrecken des Krieges zu verhindern? Nach dem Ersten Weltkrieg kam dem Kriegsverhinderungsrecht mit Friedensverträgen und Völkerbund mehr Bedeutung zu. Das Kriegsrecht aber wurde vernachlässigt, da es Kriege „moralisch" führbar macht und so indirekt der Kriegsvorbereitung dient. Zwar gab es Bemühungen, Regeln für einen Luftkrieg zu finden, doch wurden die Haager Luftkriegsregeln von 1923 nicht ratifiziert, in denen Terrorangriffe auf Städte ausdrücklich abgelehnt wurden. Auch wenn dieses Recht nicht kodifiziertes Kriegsrecht geworden ist, war es dennoch Kriegsgewohnheitsrecht; dies belegen auch die Versuche der britischen Regierung unter Churchill, die Angriffe gegen die deutsche Zivilbevölkerung im Zweiten Weltkrieg als Angriffe gegen militärische Objekte oder Repressalien auszugeben. 1930 kam ein Juristengutachten zu dem Urteil, dass kein ausreichender Rechtsschutz für die Zivilbevölkerung im Luftkrieg bestand. Zahlreiche Versuche, Schutzzonen für die Zivilbevölkerung und Kulturgüter international zu etablieren, verliefen im Sande. Die Theorien waren entwickelt, die notwendige Technik vorhanden und das Recht blieb auf der Strecke. Die zur Kriegsverhinderung abgeschlossenen Verträge wurden am 1. September 1939 durch den Angriff des Deutschen Reiches auf Polen hinweggefegt. Nun war es nur noch eine Frage der Zeit, bis das nur gewohnheitsrechtlich abgesicherte Verbot von Luftangriffen auf die Zivilbevölkerung nicht mehr beachtet wurde. Der Bombenkrieg gegen Zivilisten war nicht Erfindung einer einzelnen Nation, sondern der ganzen zivilisierten Staatenwelt.

# Der Luftschutz

Trotz der Luftkriegstheorien fühlte man sich in Deutschland durch Flak und Jäger geschützt. Der berühmte, Göring zugeschriebene Satz: „Ich will Meier heißen, wenn je ein feindliches Flugzeug deutsches Territorium erreicht“ wurde damals geglaubt. Dennoch kam es ab 1933 zu einem systematischen Ausbau des Luftschutzes. Am 26. Mai 1935 wurde das neue Luftschutzgesetz verkündet, das in späteren Durchführungsverordnungen Verdunkelung, Fliegeralarm, Brandbekämpfung, sanitäre Versorgung, Räumarbeiten sowie Luftschutzräume vorsah. Dabei wurde unterschieden zwischen hoheitlichem Luftschutz, dem Luftschutzwarndienst und dem Sicherheits- und Hilfsdienst, der von Luftwaffe und Polizei gebildet wurde, und dem Selbstschutz, der vom Reichsluftschutzbund organisiert und ausgebildet wurde. Die Städte und Gemeinden wurden in drei Luftschutzkategorien eingeteilt. Stuttgart gehörte zur ersten Kategorie und wurde damit beim Schutzraumbau bevorzugt.

Jedes Haus hatte seinen Luftschutzwart, der Brandwachen, Löschtrupp, Ordner und Melder einzuteilen hatte. Die Ausrüstung bestand aus Volksgasmaske, Feuerpatsche, Wassereimer mit Handfeuerspritze, Sandsäcken gegen Brandbomben und Einreißhaken.

Die nächste übergeordnete Luftschutzeinheit war die Luftschutzgemeinschaft aus mehreren benachbarten Häusern, dann folgte das zuständige Polizeirevier mit Feuerwehr-, Bergungs-, Sanitäts- und Gasspürtrupp. Weiter wurden vom Sicherheits- und Hilfsdienst Rettungsstellen, Entgiftungsparks und Sammelstellen für Obdachlose betreut. Aufräumarbeiten, Bergung von Verschütteten und Leichen, Sprengung von gefährdeten Gebäuden und Bergung von Blindgängern wurden zu Aufgaben, die der Luftkrieg mit sich brachte. Im Verlauf des Krieges wurden hierzu KZ-Häftlinge, Kriegsgefangene und Zwangsarbeiter mit eingesetzt. Der Luftschutzwarndienst meldete mit Sirenensignalen die „Öffentliche Luftwarnung“. Dazu gehörte ein dreimal wiederholter Dauerton von 14 Sekunden Länge, ab 1942 der Fliegeralarm, ein auf- und abschwellendes einminütiges Signal und die Entwarnung, ein einminütiger Dauerton. Bei der Luftwarnung konnte es zu einzelnen kleineren Angriffen kommen und jeder konnte sein Verhalten selbst bestimmen, während beim Fliegeralarm ein Luftschutzraum aufgesucht werden musste. Zehn Minuten nach dem Alarm musste mit dem Angriff gerechnet werden. Im März 1945 wurde noch das Signal für die akute Luftgefahr eingeführt, bei dem sofort Deckung gesucht werden musste. Die Meldungen über die Luftlage wurden auch über das Radio zu Beginn der Stunde durchgesagt. Die Brandbekämpfung wurde im Verlauf des Krieges verbessert. Dachstühle wurden entrümpelt, das Löschen der Brandbomben trainiert und später das Gebälk mit Kalk imprägniert. Dadurch sollte erreicht werden, dass das Holz schnell verkohlte und nicht richtig brannte. Auch wurden die Angriffe genau festgehalten; auf Karten wurden die einzelnen Angriffe eingetragen, sowie der Zerstörungsgrad der Häuser. Zu Beginn des Krieges wurden neben den Sprengbomben auch noch die Brandbomben eingezeichnet.

Die Organisation des Luftschutzes wurde den neuen Gegebenheiten immer wieder angepasst. Die größte Veränderung war die Übernahme des Luftschutzes durch die NSDAP, die als Helfer in der Not wohl wieder an Popularität gewinnen wollte. Ausgebombte erhielten Bezugsscheine. Dafür wurde auch Besitz der in die Vernichtung deportierten Juden zur Kompensation der Schäden an Hab und Gut verwendet.

*Frauen werden bei einem Luftschutzkurs im Umgang mit der Volksgasmaske eingewiesen.*

*Das verdunkelte Stuttgart.*

# Flächenbombardements

Der Luftkrieg im Zweiten Weltkrieg war ein dynamischer Prozess, der von politischen, geografischen, wirtschaftlichen und wissenschaftlichen Faktoren geprägt wurde. Die Entwicklung der Waffen, der Flugzeuge und der Radargeräte bestimmte den Verlauf des Krieges. Ein gutes Beispiel für diese technische Entwicklung war die Radartechnologie. Sie sorgte im Verlauf des Krieges für die sichere Navigation der Bomberverbände zu ihren Zielen auch in der Nacht. Auf der anderen Seite ermöglichte sie den Deutschen, die Bomberverbände zu orten und mit den Jägern auch bei Nacht anzugreifen. Daraus entwickelte sich die deutsche Nachtjagd. Deutsche Versuche, den Luftraum mithilfe des Radars an der Kammhuberlinie zu verteidigen, wurden durch alliierte Entwicklungen, die es möglich machten, das Radar zu täuschen, zunichte gemacht. Darauf entstand die Taktik der „zahmen" und der „wilden Sau". Die zahme versuchte die Bomberverbände abzufangen, bevor sie ihr Ziel erreichen konnten, die wilde griff über den Städten die Bomber von oben an und zwang sie in die Reichweite der Flak. Dies zeigt an einem Beispiel die radikalen technischen Veränderungen in den sechs Jahren des Krieges.

Der große Flächenangriff der Theoretiker auf die Städte blieb zu Beginn des Krieges aus. Zum einen wirkte noch das Gewohnheitsrecht, das nur militärische Objekte als Ziel von Luftangriffen zuließ, zum anderen übten Frankreich und Großbritannien Zurückhaltung aus Angst vor deutschen Gegenmaßnahmen. Die Royal Air Force eröffnete direkt nach der Kriegserklärung die Angriffe auf Deutschland, war aber angewiesen, nur militärische Objekte anzugreifen.

Die Deutschen bombardierten bei ihrem Vormarsch im Osten und Westen die Städte Warschau und Rotterdam. Warschau wurde am 16. September 1939 eingeschlossen und zur Übergabe aufgefordert, am 27. September kapitulierte die Stadt nach Erd- und Luftangriffen. Wie inhuman diese Luftangriffe waren, belegen die Opferzahlen und die Reaktion des deutschen Militärs. So forderte der spätere Generalfeldmarschall Wolfram von Richthofen, der als Kommandeur der Legion Condor im spanischen Bürgerkrieg schon Angriffe auf Wohnsiedlungen angeordnet hatte, einen „Terrorangriff" auf Warschau. Die Behelfsbomber vom Typ Ju 52 warfen darauf Brandbomben ab. Die Luftwaffenführung stellte die „hervorragende Wirkung" der Brandbomben fest. Bei diesen Erd- und Luftangriffen starben mehrere tausend Zivilisten. Diese Wirkung ging über die im militärischen Jargon so bezeichneten Kollateralschäden, mit denen unter anderem die getöteten Zivilisten bei einem Luftangriff gemeint sind, hinaus.

Nach dem Völkergewohnheitsrecht war von Luftangriffen abzusehen, wenn die Gefährdung für die Zivilbevölkerung zu hoch war. Auch das verteidigte Rotterdam wurde am 14. Mai 1940 Opfer eines Luftangriffs. Dabei entzündete sich die Altstadt, die Feuer schlossen sich in vier Tagen zu einem Flächenbrand zusammen. Holland kapitulierte, nachdem weitere Angriffe auf holländische Städte angedroht wurden. Die deutschen Militärs stellten die herausragende Bedeutung des Feuers bei diesen Angriffen fest. Zuerst sollten Sprengbomben geworfen werden, um die Bevölkerung in die Keller zu treiben und die Wasserversorgung zu zerstören, dann massenweise Brandbomben, um viele Ausgangsbrände zu legen, die nicht mehr zu löschen waren und sich zu einem Flächenbrand zusammenschließen konnten. Nach den „erfolgreichen" Kapitulationen von Warschau und Rotterdam waren die deutschen Luftstrategen auch von der moralischen Wirkung auf die Bevölkerung überzeugt. So entwickelte Hitler 1940 die Idee, London durch einen Flächenbrand auszulöschen und damit England zur Kapitulation zu zwingen.

## Angriffe gegen deutsche Städte

Als Reaktion auf den deutschen Vormarsch verkündete der neue Premier Churchill das Ende der Rücksichtname auf Zivilisten und befahl Angriffe gegen deutsche Städte. Nach dem Rückzug der britischen Truppen vom Kontinent im Juni 1940 war das Bomber Command der Royal Air Force die einzige Möglichkeit für England, den Krieg gegen Deutschland weiterzuführen. Die Deutsche Luftwaffe griff in der Luftschlacht um England 1940/1941 zuerst bei Tag vor allem militärische Ziele an. Auf Grund der hohen Verluste in den eigenen Reihen ging man dazu über, nachts anzugreifen – ohne Rücksicht auf die Zivilbevölkerung. Der Luftkrieg über England eskalierte weiter mit den Angriffen auf Industriezentren wie Birmingham und Coventry. Am 14. November 1940 wurden bündelweise Brandbomben abgeworfen und die Löscharbeiten dann mit Sprengbomben verhindert. Goebbels bemerkte dazu: „Da ist eine Stadt wirklich ausradiert worden."

Dem „coventrieren" sollte das „hamburgisieren" folgen. Das Bomber Command studierte die Zerstörung englischer Städte genau und lernte daraus für die eigenen Angriffe. Mit dem Angriff auf die Sowjetunion 1941 brach die Luftwaffe den Kampf um England ab. Der Ruf nach Vergeltung wurde nun in England laut. Auch die Sowjetunion, die enorme Verluste gegen die Deutschen hinnehmen musste, forderte von der britischen Regierung eine zweite Front gegen das Deutsche Reich. Die Engländer konnten diese aber allein nicht aufbauen und eröffneten dafür die Luftfront über den deutschen Städten. Dabei hatte sich schon bei den ersten Angriffen auf militärische Ziele in Deutschland herausgestellt, dass die Bomber bei Tagesangriffen den deutschen Jägern nahezu schutzlos ausgeliefert waren. Die Angriffe waren ineffektiv und mit hohen Eigenverlusten verbunden. Einen Langstreckenjäger, der die Bomber hätte schützen können, besaß die Royal Air Force nicht. Daraufhin ging das Bomber

Command zu Nachtangriffen über, die mit der damaligen Navigationstechnik sehr ungenau waren. So erreichten die britischen Bomber 1941 bei idealem Wetter nur ein Drittel ihrer Ziele. Die Bomben konnten auch nur in einem Umkreis von acht Kilometer platziert werden. Bei schlechtem Wetter sank die Trefferquote auf 10% und wenn die Nacht mondlos war, trafen die Bomber nur noch zufällig. Die hohen Verluste der Bomberbesatzungen mussten durch sichtbare Ergebnisse gerechtfertigt werden. So wichen die Bomber auf große Höhen aus, um der deutschen Nachtjagd und der Flak zu entgehen. Die Fabriken waren durch die Verdunkelung schwer zu orten, Stadtgebiete dagegen eher. In der Konsequenz kam es zu einer Entgrenzung der Angriffsziele und die Städte wurden nun im Ganzen zum Ziel der Bomber.

Am 14. Februar 1942 wurde die „Area Bombing Directive" beschlossen, das Flächenbombardement konnte beginnen. Organisator wurde am 23. Februar 1942 Arthur Harris, als Chef des Bomber Command. Er hatte schon Erfahrungen mit dem Bombardement von Siedlungen in den Kolonialkriegen gesammelt und war ein Vertreter des „moral bombing". Danach würden massive Angriffe gegen die Zivilbevölkerung neben der militärwirtschaftlichen Bedeutung zur Abkehr von der Regierung und damit zur Kapitulation Deutschlands führen. Die deutschen Städte wurden nach ihrer Brennbarkeit kategorisiert. Vor allem die mittelalterlichen Stadtkerne mit ihren Fachwerkbauten wurden zum Ziel der Bomber. Von dort sollte der Brand auf benachbarte Wohngebiete des 19. Jahrhunderts übergreifen. Testangriffe wurden auf besonders gut erreichbare Ziele geflogen und am 29. März 1942 Lübeck zerstört. Weitere Angriffe gegen die Städte an der Nord- und Ostseeküste sowie das Ruhrgebiet folgten. Die Angriffsziele wurden nach einer Prioritätenliste des Bomber Command, der Erreichbarkeit und der Wetterlage ausgesucht. So kam es am 30./31. Mai 1942 zum ersten 1000-Bomber-Angriff auf Köln.

## Die Einzelbrände verbanden sich zu einem Flächenbrand

Es wurden nun immer weitere Verbesserungen an der Angriffstaktik vorgenommen. Der Angriffsverlauf wurde detailliert geplant, da die erwünschten Flächenbrände nur durch konzentrierte Angriffe der Bomber in gestaffelter Formation, dem Bomberstrom, umgesetzt werden konnten. Zuerst wurde das Ziel von den „Pfadfindermaschinen" mit Leuchtkugeln, den „Christbäumen", markiert. Ein Koordinator, der Master Bomber, überwachte den Angriff und dirigierte die Bombergeschwader. Große „Blockbuster"-Luftminen wurden abgeworfen. Die bei der Explosion in der Luft entstehende Druckwelle deckte Dächer ab und zerstörte Fenster. Damit hatte der Brandherd in einem Haus genug Luftzufuhr, es wurde zu einem großen Kamin. Darauf wurden bündelweise Stabbrandbomben und Phosphorbomben abgeworfen, die in die Gebäude fielen, Stockwerke durchschlugen und zahlreiche kleine Brände entfachten. Zum Schluss verhinderten Sprengbomben, die teilweise mit Zeitzündern ausgestattet waren, effektive Löschmaßnahmen. Die Einzelbrände verbanden sich zu einem Flächenbrand.

So kam es beim Angriff auf Hamburg vom 24. bis 30. Juli 1943 zu einem Flächenbrand. Die „Operation Gomorrha" forderte 30 482 Todesopfer. Das inhumane „Dehousing" sollte den Terror des deutschen Angriffskrieges schneller beenden. Auch die Staudämme im Sauerland wurden angegriffen, um die Versorgung des Ruhrgebietes zu unterbrechen. Die Zivilisten, die in den Fluten umkamen, waren mit eingeplant.

*Überreste einer Phosphorbombe.*

*Flakstellung auf dem Tagblatt-Turm – trügerische Sicherheit. Blick auf den Stuttgarter Westen.*

## Intensivierung des Luftkrieges

Nach dem Kriegseintritt der USA intensivierte sich der Luftkrieg weiter. Auf der Konferenz von Casablanca im Januar 1943 wurde die kombinierte Luftkriegsführung der USA und Großbritanniens beschlossen. Die Amerikaner setzten gegen Deutschland zuerst auf Präzisionsangriffe gegen militärische Objekte, damit der Nachschub der deutschen Truppen gestört würde. So sollten nach der Landung die eigenen Verluste niedrig gehalten werden. Gegen Japan griffen die Amerikaner aber genauso auf das Flächenbombardement ganzer Städte zurück. Ihre Entscheidung war also weniger von moralischen Gesichtspunkten als von militärischen Erwägungen geprägt. Nach der Invasion gingen sie daher auch zu Flächenbombardements über, um den Nachschub direkt zu stören. Die Amerikaner verfügten für die bei Tag auszuführenden Präzisionsangriffe und auch über den notwendigen Bomber, die Flying Fortress B-17. Später auch über einen Langstreckenjäger, welcher die Bomberstaffeln zusätzlich sichern konnte.

Die 8. Luftflotte der US Air Force griff nun bei Tag an, die Briten in der Nacht. Nun wurden die Angriffsankündigungen durch die Sirenen der Städte häufiger als die Angriffe selbst, da die Ziele der Bomberstaffeln sich nur ungenau abschätzen ließen und diese auch bewusst Täuschungsmanöver flogen. Der dauernde Klang der Sirenen sollte die Bewohner zermürben, Tag- und Nachtangriffe keinen Schlaf mehr möglich machen.

Die Briten entwickelten neue leistungsfähige Flugzeuge. So die britische Lancaster, die durch geringe Bewaffnung und die Entfernung von Zwischenwänden wenig Schutz für die Besatzung bot, dafür aber eine hohe Bombenlast tragen konnte. Die Bomberbesatzungen waren bei ihren Angriffen vor allem damit beschäftigt zu überleben, Gedanken über die Menschen am Boden, die qualvoll starben, wurden verdrängt. Die Kälte, Angriffe der Nachtjagd, die Scheinwerfer der Flakstellungen, die Granatenexplosionen in der Luft setzten die Mannschaften zusätzlich unter Druck. Durch die Enge im Flugzeug konnten die Fallschirme nicht am Körper getragen werden, bei einem Abschuss konnte nur einer von fünf es schaffen abzuspringen. Dabei war er noch nicht in Sicherheit, denn es gab zahllose Fälle von Lynchjustiz der deutschen Bevölkerung an feindlichen Fliegern. Diese Morde wurden durch die Propaganda gefördert und oft von den bewachenden Soldaten nicht verhindert. Auch wenn der Rückflug gelang, stürzten viele Bomber bei der Landung in England wegen der Schäden oder dem Nebel ab. So hatten die Bomberbesatzungen nur geringe Chancen, ihre Einsätze zu überleben. Dieser hohe Druck führte oft zum psychischen Versagen bei Einzelnen, die dann durch Schneiden und Degradierungen bestraft wurden.

*Flakfeuer über Stuttgart (8. Novemver 1940).*

# Stuttgart im Krieg

Der Oberbürgermeister von Stuttgart, Dr. Karl Strölin, versuchte noch nach Kriegsbeginn die Städte durch eine internationale Vereinbarung vor Luftangriffen zu schützen. So besuchte er als Präsident des internationalen Verbandes für Wohnungswesen 1940 Warschau, um sich die Auswirkungen eines Luftangriffes anzusehen. Seine Versuche, über das Internationale Komitee des Roten Kreuzes in Genf zu einer Vereinbarung zu gelangen, wurden von der Reichsregierung untersagt. Als wichtiger Industriestandort wurde Stuttgart mit starken Flakbatterien umgeben. Sie befanden sich unter anderem auf dem Birkenkopf und dem Schmidener Feld.

Die großen Geschütze hatten eine Schusshöhe von 10,6 km. Dazu kamen leichte Flakstellungen bei den Industrieanlagen und auf den Türmen der Stadt, die aber nur eine Höhe von 2500 m erreichen konnten. Damit waren sie bei den in einer Höhe von 5000 m fliegenden Bombern aber nutzlos. Die Scheinwerferabteilungen konnten bis zu 12 km erfassen. Jagdflieger wurden in Böblingen, später auch in Nellingen und anderen Orten stationiert. Auch die verwendeten Leuchtmarkierungen wurden von der Luftabwehr kopiert, um die Bomberverbände irrezuleiten. Auf offenem Feld wurden Brandanlagen angelegt, um die Bomber zu täuschen. Der Schlossplatz wurde getarnt, da er sonst als Landmarke dienen konnte. 1943 wurden Türme auf den Höhen wie der Hasenbergturm oder der Degerlocher Aussichtsturm gesprengt, um keine brauchbaren Landmarken zu bieten. Bei Angriffen konnte der Talkessel vernebelt werden. Gegen Tiefflieger wurden Kabel über Heslach und den Westen gespannt. Die Bevölkerung glaubte, sie würden Abwehrstrahlen gegen Flugzeuge aussenden. Zahlreiche Scheinanlagen wurden um Stuttgart herum aufgebaut. Die Anlage bei Lauffen a. N. sah z. B. aus wie der Stuttgarter Bahnhof.

*Sprengung des Turmes in Degerloch.*

*Stuttgart brennt – Die verheerenden Auswirkungen eines Luftangriffs.*

Der erste Nachtalarm am 30. Juni 1940 machte deutlich, dass Stuttgart nicht unverwundbar war. Am 25. August 1940 fielen Bomben auf Stuttgart, sie galten den Daimler-Benz-Werken in Untertürkheim, trafen aber Wangen und Gaisburg. Die Stadt wurde konsequent verdunkelt, die Fenster lichtdicht abgeschirmt, die Straßenbeleuchtung abgeschaltet, die Autoscheinwerfer mit Masken abgedeckt. Die Fußgänger trugen phosphoreszierende Anstecker an der Kleidung. Bordsteine und Hauseingänge wurden mit weißer Farbe markiert. Weiße Pfeile, die heute noch an manchen Stellen in der Stadt verblasst zu sehen sind, wiesen den Weg hin zu den Luftschutzräumen. Zahlreiche Übungen dienten der raschen Brandbekämpfung. Kunstwerke wurden in die Salzstöcke bei Heilbronn verfrachtet. Denkmäler wie die Kreuzigungsgruppe in der Hospitalkirche oder die Grafenstandbilder wurden eingemauert. Manche ausgelagerten Bestände, wie das Stuttgarter Stadtarchiv in Löwenstein, wurden dennoch zerstört.

Im Verlauf des Krieges wurden die Schutzmaßnahmen intensiviert, Deckungsgräben an Straßen angelegt, Tiefbunker unter dem Markt-, Marien- und Diakonissenplatz gebaut, Tunnel wie der Wagenburgtunnel und der Schwabtunnel zu Bunkern ausgebaut. Noch heute erinnern die Hochbunker in der Stadt an die Bemühungen, die Bewohner zu schützen. Zudem wurden Keller in Wohngebieten miteinander verbunden, und von Luftschutzgemeinschaften Stollen in die Hänge getrieben, die aber nur mit Berechtigungsschein benutzt werden durften. Viele dieser Stollen wurden später zugeschüttet, aber einige der Luftschutzräume existieren noch heute.

Ungefähr 200 Stollen wurden gegraben, davon einige ohne ordentliche Belüftung, ca. 22 000 m³ Holz wurden zur Verschalung verwendet. Auch wehrten sich die Eltern 1943 trotz der Angriffe auf Stuttgart gegen die Kinderlandverschickung, da sie davon ausgingen, dass die Schutzmöglichkeiten in Stuttgart besser waren als in den Verschickungsorten. Erst nach den Angriffen 1944 nahm die Bereitschaft zur Evakuierung zu. In der ersten Phase des Luftkrieges waren noch viele Fliegergeschädigte aus anderen Gebieten nach Stuttgart gekommen. Mit der Zunahme der Angriffe auf Stuttgart konnte die Stadt aber kaum die eigenen Obdachlosen unterbringen. Verlegungen von Fabriken, Wiederherstellung der Versorgung mit Wasser und Gas sowie der öffentlichen Transportmittel sorgten für Probleme bei der Stadtverwaltung.

Gegen Ende des Krieges waren die NSDAP und die Stadtverwaltung für die Verwaltung des Bombenkrieges verantwortlich. Dies führte teilweise zu chaotischen Verhältnissen.

*In diesem Klassenzimmer waren noch in der Nachkriegszeit die Verdunkelungsrollos an den Fenstern befestigt.*

*In der zerstörten Hospitalkirche hat die ummauerte Kreuzigungsgruppe von 1501 unbeschadet den Krieg überstanden, die hier in der Bildmitte zu erkennen ist (1948).*

*Diese Turmbunkeranlage steht heute noch am Rande der Raitelsbergsiedlung im Stuttgarter Osten.*

*Tafel in der Stiftskirche mit der Liste der Luftschutzräume in der Umgebung.*

## Die Angriffe nehmen zu

Mit der allgemeinen Verschärfung des Luftkrieges 1942 wurde Stuttgart ernsthaft angegriffen. Anfangs wurden vor allem die Fildervororte und die im Neckartal gelegenen Stadtteile bombardiert. Am 6. September erfolgte der erste Tagangriff der 8. US-Luftflotte auf Stuttgart. Ziel war das Bosch-Stammwerk im Stuttgarter Westen. Bei diesem Präzisionsangriff starben 107 Stuttgarter. Aber auch die Amerikaner hatten hohe Verluste zu beklagen. Ab dem Februar 1944 wurde Stuttgart mit großen Bomberflotten angegriffen. Ziele der Tagangriffe waren vor allem die Industrieanlagen am Neckar und in Feuerbach sowie Zuffenhausen. In der Nacht griffen die Briten verstärkt das Stadtgebiet an. Am 2. März brannte das Neue Schloss aus, drei Luftwaffenhelfer starben. Die Luftwaffenhelfer wurden ab 1943 bis Jahrgang 1928 eingezogen. 1944 gab es bereits 56 000. Die Toten wurden zunächst von den Verwandten auf verschiedenen Friedhöfen begraben. Ab 1944 durften die Opfer nur noch auf dem Waldfriedhof und dann vor allem dem Hauptfriedhof Steinhaldenfeld begraben werden. Bei den Ehrengrabfeldern handelte es sich allerdings nicht, wie in anderen Orten, um Massengräber, sondern um Reihengräber, wie das Friedhofsamt gegenüber den Angehörigen immer wieder betonen musste. Allerdings ließen sich manchmal nur noch die Aschereste ganzer Hausgemeinschaften bergen, die zusammen bestattet wurden.

Es fanden offizielle Trauerfeiern statt, bei denen die Särge der Toten, wie bei einem Staatsbegräbnis, mit der Hakenkreuzfahne bedeckt wurden. Die Namen wurden später aus Papiermangel in der Rubrik „Terrorangriffen fielen zum Opfer" aufgelistet. Der Tod der Bombenopfer wurde wie der Soldatentod als Opfer für das deutsche Volk angesehen und nicht als individuelles Schicksal. Die Toten sollten nicht sinnlos gestorben sein, daher musste weitergekämpft werden. Bei den Angriffen wurden immer wieder Menschen obdachlos, die in Notunterkünften untergebracht wurden. Ihre Möbel und andere Gebrauchsgegenstände wurden, soweit es ging, geborgen und in öffentlichen Bauten untergestellt.

*Trauerfeier für zivile Bombenopfer am 5. Mai 1942 in der Turnhalle der „Horst-Wessel-Schule", der heutigen Hohenstein-Schule in Zuffenhausen. In einem Zeitungsartikel wurde dazu der Führer zitiert: „In der Hingabe des eigenen Lebens für die Existenz der Gemeinschaft liegt die Krönung allen Opfertums."*

*Trotz Sicherstellung der brauchbaren Gegenstände verloren die Bewohner Stuttgarts den Großteil ihrer Habe – durch weitere Angriffe, Plünderungen und Diebstahl, sowohl durch ausländische Arbeitskräfte als auch durch „Volksgenossen".*

# Juliangriffe

Die Altstadt Stuttgarts ging beim 22. Angriff am 26. Juli 1944 unter. Zwischen 1.38 und 2.35 Uhr griffen 474 Bomber mit neu entwickelten Bomben an. Die ersten Bomben detonierten beim Rathaus, das bald darauf selbst von Sprengbomben getroffen wurde. Die alten Bürgerhäuser am Marktplatz wurden von Flammstrahlbomben in Brand gesetzt. Die Wasserversorgung im Marktplatzbereich wurde durch Sprengbomben unterbrochen, und die Feuerwehr und Selbstschutzkräfte versuchten, die aufkommenden Brände mit Sand, Feuerpatschen und Wasserspritzen zu bekämpfen. Der Feuerwehr gelang es, den Nesenbach anzuzapfen, als erneut die Wasserversorgung zusammenbrach. Die brennenden Häuser stürzten zusammen, die Trümmer begruben die Schlauchleitungen. Ringsum standen die Häuser in Flammen. Nach dreistündigem Kampf musste das Rathaus aufgegeben werden.

Der Feuersturm tobte und die Zeitzünderbomben detonierten, als um 4.30 Uhr Oberbürgermeister Strölin den Befehl zur Räumung des Rathauses gab. Er und die Löschmannschaften konnten sich gerade noch zur Königstraße retten, als hinter ihnen die brennenden Gebäude zusammenstürzten und den Weg versperrten. In ganz Württemberg konnte der rote Himmel über Stuttgart gesehen werden. Ein Eintrag in einem Notizbuch lautete: „Die Städte sind jetzt Steinbrüche."

*Der Blick von der Neuen Weinsteige auf Stuttgart im Feuersturm am 26. Juli 1944.*

*Für die Löscharbeiten nach den Luftangriffen kamen Feuerwehren von Tübingen bis nach Straßburg der Stuttgarter Feuerwehr zur Hilfe.*

Am nächsten Morgen sah ein Beobachter die armen Menschen, die übernächtigt, schmutzig und am Ende ihrer Kräfte die Reste und Restchen ihrer Habe durch die Straße trugen oder auf Hand- und Kinderwägelchen zogen und mit ihrem Notgepäck völlig erschöpft in die Züge stiegen. Der Redakteur Hermann Werner verfasste im Auftrag Strölins eine Luftkriegschronik und beschrieb die Schäden im ganzen Stadtgebiet. Hier seine Schilderung der Innenstadt:

**„Vom Schloßplatz bis Wilhelmsbau, (...) von der Leonhardskirche bis zum Katharinenhospital ist eine einzige, fast totale Zerstörung. Das Ruinenfeld (...) macht einen schauerlichen Eindruck. Und weiter: Das alte Landschaftgebäude in der Lindenstraße ist zertrümmert (...) ebenso völlig zerstört (...) die schönen alten Bürgerhäuser am Marktplatz und in der Hirschstraße (...) Schlimm sind die drei Kirchen der alten Stadtteile zugerichtet, besonders die Leonhardskirche ist nur noch eine traurige, nicht einmal – wie die Stiftskirche – romantische Ruine (...) Auch die Hospitalkirche hat nochmals neuen Schaden (...) Die Bergungsarbeiten waren oft sehr schwer, und noch 14 Tage nach dem 26. Juli waren etwa 50 Vermißte unter den Trümmern. Über andere Verschüttete heißt es: Sie wurden verschüttet ohne Ausweg, und ihre Bergung, vor allem, dauerte sehr lang, so daß sich um den unglücklichen Vorgang noch viel schlimmere Gerüchte schlangen."**

*Blick zwischen der Kopie der Kreuzigungsgruppe und dem Nachtwächter-Brunnen an der Leonhardskirche in Richtung Rathaus (April 1946).*

*Vom Rathaus der Blick in die andere Richtung auf die Ruine der Leonhardskirche von 1466. Noch heute erinnern die Reste der Gewölbeansätze im Inneren an die Zerstörung (April 1946).*

*Die „romantische Ruine" der Stiftskirche, die Hauptkirche der Evangelischen Landeskirche in Württemberg ist (Juni 1945).*

*Das zerstörte Kirchenschiff und der Chor der Stiftskirche wurden nach der Wiederherstellung in den 50er-Jahren ab 1999 erneut umgebaut. Am 13. Juli 2003 wurden sie mit einem Festgottesdienst eingeweiht (April 1946).*

## Die Schäden

Der Hauptbahnhof war erneut getroffen worden, und so dauerte es einige Tage, bis wenigstens die Züge nach Ludwigsburg und Esslingen wieder fahren konnten. Auch der Briefverkehr und das Telefon kamen zum Erliegen. Die Leichen konnten aus Mangel an Transportmöglichkeiten und Särgen nur schleppend beerdigt werden, die Krankenhäuser waren überfüllt, die Wasserversorgung gefährdet, Gas- und Stromzufuhr unterbrochen. Geschäfte und Markthalle waren zerstört. Die Menschen wurden von Feldküchen und Wasserwägen versorgt. Die Schäden erfassten das ganze Stadtgebiet, doch war vor allem die eigentliche Altstadt verbrannt. Die Menschen lebten weiter in halb zerstörten Häusern und in Kellern, die sie sich in Selbsthilfe einrichteten, so gut es ging. Der Oberbürgermeister Strölin bescheinigte den Bürgern, in dieser Zeit Übermenschliches geleistet zu haben. An den letzten Resten der Häuser standen Nachrichten von den Menschen, die in ihnen gelebt hatten oder gestorben waren.

*Bei den Aufräumarbeiten nach Luftangriffen wurden neben dem Sicherheits- und Hilfsdienst auch Zwangsarbeiter, Häftlinge und Kriegsgefangene eingesetzt.*

*Nach dem Angriff vom 26. Juli 1944 suchten die Überlebenden in den Trümmern ihrer Häuser nach brauchbaren Gegenständen, wie hier in der Lenzhalde.*

Die vier Juliangriffe vom 25. bis 29. töteten 884 Menschen, 1916 wurden verletzt, 63000 obdachlos. Die Briten hatten 5240 Sprengbomben und 67800 Brandbomben abgeworfen. Die Angriffe kosteten sie 500 Mann Besatzung und 72 viermotorige Bomber. Diese Zahlen zeigen die Härte des Bombenkriegs auf beiden Seiten. Doch trotz einer 87%-igen Zerstörung des Stadtkerns forderte der Kommandeur des Bomber Commands, Arthur Harris, weitere Angriffe auf Stuttgart.

Die Vergangenheit der Stadt ist ausgelöscht in einer Nacht wütender Vernichtung.

*Das Stockgebäude von 1838 ist heute das älteste Gebäude in der Königstraße. Es wurde nach der Zerstörung bis 1950 wieder aufgebaut (April 1946).*

*Das „Alte Steinhaus" aus dem 13. Jahrhundert hinter der Stiftskirche war das älteste Wohngebäude Stuttgarts. Das Steinhaus wurde trotz Protesten 1955 abgerissen, an seine Stelle kam ein Parkplatz für vier Autos (April 1946).*

*Das barocke Neue Schloss war schon bei den Angriffen im März 1944 teilweise zerstört worden, doch wie andere Gebäude auch wurde es bei verschiedenen Angriffen immer wieder getroffen. Eine Bürgerinitiative setzte die Wiederherstellung ab 1958 durch, sonst wäre es abgerissen worden (April 1946).*

*Im Vordergrund stehen die Trümmer des Alten Schlosses, das beim Angriff am 26. Juli zerstört wurde, im Hintergrund sind die barocke Schlossanlage, das Staatstheater und die typische Stuttgarter Hangbebauung zu erkennen (April 1946).*

*Die Renaissancearkaden aus dem 16. Jahrhundert im Innenhof des Alten Schlosses wurden trotz der Schäden nach dem Krieg wieder aufgebaut. Im Vordergrund ist das Standbild für Herzog Eberhard im Bart von 1859 zu sehen (April 1946).*

*Der Dürnitzbau des Alten Schlosses war erst 1931 nach einem verheerenden Brand wieder aufgebaut worden, als er am 26. Juli 1944 erneut zerstört wurde (April 1946).*

*Das Ständehaus von 1583 an der Kronprinzstraße wurde beim 22. Angriff auf Stuttgart endgültig zerstört. Heute erinnert nichts mehr an den Platz, an dem vor dem Krieg die Landtagsgebäude Württembergs standen (April 1946).*

## Septemberangriffe

Im September 1944 griffen die Amerikaner zweimal Stuttgart bei Tag an. Sie zerstörten die Daimler-Werke weit gehend und trafen Zuffenhausen und Feuerbach. Der schwerste Angriff erfolgte am Abend des 12. September 1944. Es war der erste Nachtangriff seit den schweren Bombardements im Juli. Die Bomber griffen aus Richtung Kaiserslautern und Straßburg über den Schwarzwald an.

Der Angriff traf nochmal die Innenstadt und vor allem den dicht bewohnten Stuttgarter Westen. Wieder wurde von den 211 Bombern die gefährliche Mischung von „nur" 3075 Sprengbomben, aber 160 000 Brandbomben von 22.59 bis 23.30 Uhr abgeworfen. Der Angriff wurde von der 5. Group Visual Attac geflogen, die ein eigenes Zielmarkierungsverfahren entwickelt hatte und als besonders effektiv galt. Da die Briten ihre nächtlichen Bomben mit höherer Präzision auf die angeflogene Stadt abwerfen konnten, griffen nun auch nicht mehr so große Bomberströme die Stadt an. Die Flak und die Nachtjagd um Stuttgart konnten nur vier Bomber abschießen. Bei wolkenlosem Himmel trafen die Bomber auf eine ungeschützte Stadt, die unerklärlicherweise nicht vernebelt war.

Es entstanden über 3000 Brände. Feuerwehrbereitschaften aus Mannheim, Heidelberg, Straßburg, Heilbronn, Ulm und Karlsruhe, die Kreisfeuerwehren aus Esslingen, Reutlingen, Heilbronn, Pforzheim, Göppingen, sowie die Freiwilligen Feuerwehren aus 30 km Umgebung eilten nach Stuttgart. Dennoch schlossen sich gegen ein Uhr die Blockbrände zu einem Flächenbrand zusammen, der eine Ausdehnung von fünf Quadratkilometern erreichte und einen orkanartigen Feuersturm auslöste. Sechs Quadratmeter große Wellbleche flogen wie Bettfedern durch die Luft.

Das Zentrum des Feuersturms war im Bereich der Hegel-, Hölderlin-, Schwab- und Rosenbergstraße. Die Menschen in den Stollen und Bunkern kamen mit dem Leben davon, diejenigen die in den Kellern Schutz gesucht hatten, erstickten wegen Sauerstoffmangels oder Kohlenmonoxidgas. Die Feuerwehr konnte den Brand nicht unter Kontrolle bringen und hielt Fluchtwege mit Wassergassen offen. Erst fünf Stunden nach dem Angriff gelang es, die Brände in den Griff zu bekommen.

*Verbrannte Bäume am Feuersee im Stuttgarter Westen (ca. 1944).*

*Blick auf den Stuttgarter Westen von der Hölderlinstraße (29. Oktober 1944).*

**Grauenvolle Erlebnisse und Bilder**

„Es mag 15 Minuten nach 11 gewesen sein, als das Getöse anhob (…) Der Lärm steigerte sich schnell. Bomben aller Kaliber regneten vom Himmel. Hell klirrende Detonationen, dann wieder nahes und fernes Wettern, gewaltige Schläge und unheimliche Erschütterungen. Die Kellerwände bebten. Jeden Augenblick – und wie lange dehnten sich diese Augenblicke! – meinten wir, das Ende müsse da sein – Gethsemane, Golgatha, nie war es uns so nahe! – Es war schier Mitternacht, da erfolgte ein mächtiger Schlag. Wir glaubten, das Haus stürze über uns zusammen. Mauerwerk war die Kellertreppe heruntergepoltert und drohte uns zu verschütten. Wir rissen die Stahltüre auf und sahen durch Schutt und Staub nur Feuerbrand. Wir eilten hinauf. Ein schauerlicher Anblick bot sich uns: das Nachbarhaus, Nr. 5, brannte lichterloh. Ein unheimlicher Sturm trieb das Feuer auf unser Haus, das in den oberen Stockwerken schon mächtig brannte. Die nahen Bäume des Gartens waren auch vom wütenden Feuer erfaßt. Der Hof lag voll Trümmer, Dachrinnenstücke, brennende Fensterläden und herausgerissene Rahmen. Es war höchste Zeit! Wir mußten das Haus so schnell wie möglich verlassen, trotz des Getöses der fallenden Bomben, das nicht aufhören wollte. (Vermutlich handelte es sich um die Zeitzünderbomben) (…) Dazu war die Straße bedeckt mit Trümmern, Baumästen, Drahtwerk und Gestänge von der Straßenbahn, Mauerwerk und Steinen aller Größen. Wohin nun? Wir jagten den Herdweg hinauf. Aber da kam uns ein solcher Feuersturm entgegen, daß kein Durchkommen möglich schien. Also abwärts zum Hegelplatz! Dieselben grauenhaften Bilder! Das Lindenmuseum stürzte eben teilweise im Brand zusammen. Der alte Schlachthof, Hegelstraße 1–5, ein einziger ungeheurer Feuerherd. An der Gewerbehalle, die ja längst nur noch Ruine ist, hielten wir an, um ruhig zu überlegen (…) Die Kriegsbergstraße war nicht hinunterzukommen, Holzgarten- und Lindenstraße ebenso unmöglich. Das Katharinenhospital stand in lohendem Brand. Wir gingen dem Stadtgarten entlang zur Schellingstraße. ‚Hier kommt niemand durch!' rief uns irgendwer entgegen. Wir riskierten's aber doch, trotz der im Feuer zusammenstürzenden Häuser. Ich hoffte, wir könnten auf dem freieren Schloßplatz wieder zu Atem kommen. Die Königstraße herunter kam ein gewaltiger Wasserstrom. Auch das noch! Wir mußten durch! Nichts als wütendes Feuer bis hinunter zum Hauptbahnhof. Unterhalb der Girokasse war es uns möglich, zum Theaterplatz hinüberzukommen. Ob es uns nicht in den Wagenburgtunnel reichte? Das Kleine Haus ist ein Trümmerhaufen. Da kommen uns schon Leute entgegen, die aus dem Tunnel geflohen sind. Dort drüben brennt es ja auch! Also: kehrt! Richtung Bahnhof! Man kommt schier nicht vorwärts über die gestürzten Bäume. Eben schlägt eine Flamme hoch! Ein ungeheurer Feuerschlag, und die große Vorhalle des Bahnhofs stürzt zusammen. Ein gewaltiger Funkenregen folgt. Wir streben über Löcher und Trichter die Anlagen abwärts. Unser Ziel muß wieder der Weißenhof sein. Wohin sollten wir sonst? Bei der Wolframstraße war kein Durchkommen. So kamen wir schließlich zum Rosenstein hinunter. Auch dort schien alles zu brennen, das Bahnpostamt und die übrigen Reichsbahngebäude. Doch konnten wir zum Nordbahnhof hinübergelangen. Die Nordbahnhofstraße herein gab's nur einzelne Brandstellen. Die neue Martinskirche war mit dem angebauten Gemeindehaus schon zusammengestürzt. Wir eilten durch den Pragfriedhof: im Krematorium, diesem Steinkoloß, brannte es. Über die Heilbronner Straße kamen wir in den Eckartshaldenweg und damit aus dem Bereich des Feuers. Es war nahe an 2 Uhr, als wir droben im Maliweg beim Weißenhof anlangten (...) Einen solchen Angriff wie am 12. September 1944 haben wir noch nicht erlebt (...)
Kein einziges bewohnbares Haus ist mehr da von der Silberburg- bis zur Kanzleistraße, kein einziges! Ein ungeheueres Feuermeer wütete über diesem Stadtteil. Und die Menschen, die da wohnten?! Zum Teil haben wir sie gesehen bei unserem Gang: Ecke Silberburg- und Lerchenstraße lagen etwa 25 auf dem teilweise freigemachten Gehsteig – tot. Andere wieder in der Silberburgstraße. Nicht weniger als 131 wurden aus einem Schutzkeller bei der Russischen Kirche geborgen. In der Lerchenstraße kamen wir eben dazu, wie durch einen Kellerausstieg Leichen herausgeseilt wurden (...) Mit dem Abtransport geht es wegen der verschütteten Straßen langsam. Wieviel Leichen mögen noch in den Kellern liegen? (…) Und immer wieder fahren Lastwagen an, mit 15 bis 20 Särgen beladen (...)
Ein Mann aus der oberen Falkertstraße erzählte uns, wie er im Feuersturm durch die Straße gelaufen sei, verfolgt von den Hilferufen der in den Kellern Verschütteten, und er habe doch mit dem besten Willen nicht helfen können in dem wütenden Feuer! (...)"
(Pfarrer Zeller am 16. September 1944)

**Brennende Straßen**

„Die Brände, die mit unheimlicher Schnelligkeit die ganzen Häuser von unten bis oben erfaßten, entwickelten sich zu einem schlimmen Flächenbrand, besonders in der Trauben-, Lerchen- und Rosenbergstraße. Auch die Straßen selbst begannen zu brennen. Aus den Kellern kamen die Menschen, soweit sie nicht verschüttet waren, und mußten durch diese brennenden Straßen, in die noch die Steine der einstürzenden Häuser, Blechdächer und ähnliches niederprasselten, in die Stollen oder auf die freien Plätze flüchten. Auch in den Stollen wurde es so heiß, daß man kaum mehr bleiben konnte, und es gab auch in Stollen Unglücksfälle schwerer Art. Viele Menschen kamen auf der Flucht über die Straßen um und lagen angebrannt oder verkohlt auf den Straßen. Viele wurden in den Kellern verschüttet (...) In einem Keller der Calwer Straße kamen von 42 Menschen 35 durch Kohlenoxydgas ums Leben. Viele flüchteten nach dem Hauptangriff aus den Kellern auf den Hospitalplatz, wo sie trotz Rauch und Feuersturm doch ohne Verluste durchkamen; später wurden sie in die Anlagen überführt."
(Prälat Dr. Lempp)

*Blick auf die Gedächtniskirche im Westen. Durch die Luftangriffe waren von den 26 evangelischen Kirchen im inneren Stadtgebiet acht zerstört, elf schwer und drei leicht beschädigt, nur eine blieb unbeschädigt (1952).*

**Eine Frau beschrieb den Angriff im Westen:**

„Wir mußten über Tote steigen, daß wir aus dem Feuermeer herauskamen. Als ich in die Falkertstraße einbog, mußte ich unwillkürlich denken, jetzt habe ich den Jüngsten Tag erlebt." (Bardua 1985)

*Hier ist das Gebiet an der Hegelstraße im Wiederaufbau zu sehen. Die Trümmerberge sind schon abgetragen und es stehen Baracken und Häuser mit Notdächern. Die Steinwüste erinnert aber noch an den Angriff vom 12. September 1944 (1952).*

**Ein Junge, der seine Mutter aus dem Furtbachkrankenhaus holen wollte, berichtete:**
„Die gesamte Silberburgstraße, bis hinauf zur Hölderlinstraße, da war alles kaputt, bis zur Tübinger Straße. Die Steine waren heiß (...) Ecke Silberburgstraße, wo es zum Feuersee raufgeht. Dort stand quer die Feuerwehr auf der Kreuzung. Die Schläuche waren teilweise durchgebrannt, und das Feuerwehrauto total zusammengedrückt, weil die Häuser darüber reingebrochen waren. Da bin ich zwischendurch gehuscht – da lagen Leichen (...) die waren zum Teil ganz zusammengeschrumpft. Ich kam dann bis zum Furtbachkrankenhaus. Da lagen Verletzte auf dem Trottoir, vor dem Eingang, im Treppenhaus, alle stöhnend und röchelnd durcheinander (...)“ (Stuttgart im Zweiten Weltkrieg 1989)

*Die Hospitalkirche gehörte zum Komplex eines Dominikanerklosters, das im 15. Jahrhundert gegründet wurde. Während des Zweiten Weltkriegs war in den ehemaligen Klostergebäuden ein Gefängnis für politische Häftlinge untergebracht, von denen einige beim Angriff umkamen (April 1946).*

**Der offizielle Chronist der Luftangriffe, Hermann Werner, berichtete vom nächsten Tag:**
„Man findet kaum ein noch einigermaßen bewohnbares Haus. Auch die Straßen sind vom Schutt der eingestürzten Häuser und von Sprengtrichtern überschüttet und weithin gesperrt oder nur noch auf engen, schwierigen Pfaden zu begehen. In der Jäger- und in der Hölderlinstraße muß man über die reinsten Bergpfade klettern. An den Ruinen der Häuser stehen die Notizen über den neuen Aufenthalt der Bewohner. ‚Villa Kellerloch' heißt es irgendwo in der Hölderlinstraße. In der Gegend der Russischen Kirche, der Trauben-, Lerchen- und Seidenstraße sind darunter viele Totmeldungen (...) Die Bäume völlig entlaubt, zum Teil zerrissen oder abgerissen. An einem Birnbaum hängen die grünen Birnen, aber kein Blatt mehr. Man hört und sieht auch kaum mehr einen Vogel."

*Zahlreiche Schulen wurden im Westen und in der Oberen Vorstadt zerstört, so die katholische Töchterschule St. Agnes in der Gymnasiumstraße (Juni 1948).*

**Pfarrer Zeller, der letzte Pfarrer der evangelischen Garnsonskirchengemeinde, die in dieser Nacht aufhörte zu existieren, schrieb nach dem Angriff:**
„(...) (die Nacht) hat alles in ein einziges Trümmerfeld verwandelt, und die Menschen, die da gewohnt haben, sofern sie dem Tode in Feuer und Qualm und unter den zusammenstürzenden Häusern entronnen sind, haben alle Hab und Gut und Heimat und viele von ihnen auch ihre Angehörigen verloren."

*Auch die Friedrich-Eugens-Oberschule in der Hohen Straße wurde schwer getroffen. Sie wurde nach dem Krieg an dieser Stelle nicht mehr aufgebaut (Juni 1948).*

*Das Eberhard-Ludwigs-Gymnasium, das älteste Gymnasium der Stadt, wurde nach dem Krieg verlegt. Auf der Aufnahme ist die Rampe der Trümmerbahn zu erkennen (Juli 1948).*

*Das Kleine Haus wurde von Max Littmann 1912 fertig gestellt. Der hintere Teil war schon im Februar 1944 getroffen worden, die Fassade wurde am 26. Juli 1944 durch eine Sprengbombe vernichtet, der Rest brannte beim Angriff vom 12. September vollends aus und wurde nach dem Krieg durch einen Neubau ersetzt (April 1946).*

*Von der Württembergischen Landesbibliothek an der Neckarstraße stand nach der Bombardierung nur noch die gründerzeitliche Fassade von 1883. Diese wurde abgerissen und in den 70er-Jahren ein Neubau errichtet. 500 000 Bände gingen bei diesem Luftangriff verloren (April 1946).*

*Auch der Stuttgarter Osten wurde im September schwer getroffen. Hier der Blick auf die Gaisburger Kirche durch die Luisenstraße (1944).*

*Aufräumarbeiten am Lusienplatz (1944).*

*Ruinen in Ostheim (1944).*

# Nach dem Inferno

Die Bevölkerung lebte in einem Zustand nervöser Gereiztheit. Es kam zu Plünderungen, vor allem Lebensmittel waren begehrt. Trotz der angedrohten Todesstrafe siegte bei den Menschen der Wille zum Überleben. Der Zusammenhalt der „Volksgemeinschaft" zog immer engere Grenzen, meist halfen sich nur noch die Menschen in der direkten Umgebung, aus Familie und Haus. Viele waren schon mehrfach ausgebombt worden, gerettetes Hab und Gut ging oft beim nächsten Angriff zu Grunde. Manche waren auch schon aus bombardierten Städten nach Stuttgart evakuiert worden und erlebten die Schrecken des Luftkriegs erneut. Viele lebten in Kellern und auf dem Gehsteig, bevor sie woanders untergebracht werden konnten.

Nach dem Angriff begannen sofort die Bergungs- und Aufräumarbeiten. Verschüttete wurden ausgegraben, Leichen geborgen. Soldaten, die zur Bergung eingesetzt wurden, waren erschüttert, so etwas hatten sie an der Front nicht gesehen. Die Ostarbeiter wurden von der Friedhofsverwaltung angefordert, da sie besser arbeiteten als die Militärkommandos. Für Pietät blieb keine Zeit. Straßen mussten begehbar gemacht werden, die Versorgung mit Strom, Gas und Wasser musste wieder funktionieren.

Die Stuttgarter Stadtverwaltung richtete einen Sperrbezirk in der Innenstadt ein. In dieser Sperrzone sollten die Hauptstraßen wieder geräumt werden. Nur wichtige Gebäude sollten wiederhergestellt werden; Strom-, Gas- und Wasserversorgung waren nicht mehr herzustellen. Die Polizei sollte scharf kontrollieren, um Plünderungen zu unterbinden und Schlupfwinkel in den Kellern auszuräumen. Neben dieses Sicherheitsproblem trat noch das hygienische. Sanitäre Anlagen gab es kaum noch. Zwar kam es in Stuttgart nicht mehr zu einer Fliegenplage, wie in anderen Städten nach dem Feuersturm, aber man ging davon aus, dass diese im nächsten Sommer folgen würde. Ratten und Mäuse vermehrten sich massenhaft.

Daher sollten unter anderem Lebensmittel geborgen, Abfälle nicht mehr abgeladen und Gift ausgelegt werden. 50 000 Menschen waren durch den Angriff obdachlos geworden. Die Stadt versuchte daher möglichst viele Menschen umzuquartieren, durfte aber keine Zwangsmaßnahmen anwenden. Doch fühlten sich die Bewohner in Stuttgart verhältnismäßig sicher, da es hier Stollen und Bunker gab. Auf dem Land gab es dagegen keine Schutzeinrichtungen, und die Angriffe der Alliierten nahmen auch dort zu. Diejenigen, die noch etwas an Hab und Gut in der Stadt besaßen, wollten diese auch nicht verlassen. 8000 aber verließen die Stadt.

Vor dem Krieg hatte Stuttgart 510 000 Einwohner, nun waren es nur noch 300 000, davon 30 000 Ausländer. Die Bombardierung der Stadt forderte 957 Tote, darunter auch 12 so genannte polnische und tschechische Banditen aus dem Politischen Gefängnis II in der Büchsenstraße und 70 unbekannte und verkohlte Leichen. Außerdem gab es 1600 Verwundete mit Verbrennungen, Rauchvergiftungen, Brüchen und Schnittwunden. Einige starben an den Folgen im Lazarett. Neben dem gezielten und ungehinderten Abwurf der Bomben gab es noch eine weitere Erklärung für die hohe Opferzahl. Zwar hatten viele Bewohner Stuttgart ganz verlassen, und die verbliebenen verließen beim Angriff ihre Häuser und gingen in den Stollen. Der so geschwächte Selbstschutz löschte nicht mehr die ersten Häuserbrände, es entstanden Blockbrände und danach der Feuersturm. Auch blieben die Menschen zu lange in den Kellern, denn es dauerte mindestens 2–3 Stunden, bis das Erdgeschoss brannte und die Keller sich mit Kohlenmonoxid füllten. So flüchteten zwei Frauen trotz Bedenken eines Mannes aus einem Keller durch die Flammen und überlebten, die anderen erstickten dort. Der Luftangriff vom 12. September 1944 war der Höhepunkt des Schreckens für Stuttgart. Es starben mehr Menschen als bei allen Juli-Angriffen zusammengenommen.

Die Stadtverwaltung stellte sich auf weitere Opfer ein und bestellte 700 Särge für das Lager des Friedhofamtes.

*Das Schicksal der Bewohner der Traubenstraße 13a im Stuttgarter Westen nach dem Nachtangriff vom 12. September 1944.*

## Weiterer Kriegsverlauf

Die Angriffe im Oktober trafen vor allem die Stadtbezirke Gaisburg, Bad Cannstatt und Feuerbach. Durch das Näherrücken der Front kam es immer wieder zu Luftangriffen von kleineren Verbänden und Jagdbombern. Stuttgart wurde noch 20-mal angegriffen. Im Januar 1945 griffen nochmals 601 schwere Bomber Stuttgart an, deren Angriff zwar fehlging, aber dennoch 119 Menschenleben kostete. Am 19. April wurde der letzte Bombenabwurf auf Stuttgart registriert.

Stuttgart kam im Vergleich mit anderen Städten glimpflich davon, wenn auch die Innenstadt komplett zerstört wurde. Bis die Flakeinheiten in den Osten abgezogen wurden, war Stuttgart wirksam geschützt. Die Kessellage erlaubte es, mit einfachen Mitteln zahlreiche Stollen zu graben. Stuttgart hatte daher sehr viele Luftschutzplätze für die Bewohner. Die Lage der Innenstadt erschwerte wohl auch die Ortung und den Anflug für die Bomber, bis die Funkpeilung verbessert worden war. Auch verfügte Stuttgart auf Grund der topografischen Lage zwischen den Hängen über keine geschlossenen Wohngebiete, wie dies in anderen Großstädten der Fall war, sondern bestand aus stark abgegrenzten Vierteln und Vororten. Die eigentlich wirtschaftliche Ungunstlage mit zu wenig Baugrund war hier nun nicht nur schön anzuschauen, sondern verhinderte die komplette Vernichtung des Stadtgebietes mit hohen Opferzahlen. In Stuttgart wurde 472-mal die öffentliche Luftwarnung alarmiert und 428-mal der Fliegeralarm bei 53 erfolgten Angriffen. Das schlechte Verhältnis liegt nicht an der mangelhaften Luftwarnung, sondern an den Täuschungsmanövern der alliierten Bomberstaffeln.

Das Wechselspiel von Fliegerangriff und Alarm hatte begonnen. Die Menschen arbeiteten teilweise 60 Stunden in der Woche, in der Nacht konnten sie nur unruhig schlafen, da sie bei jedem Fliegeralarm in den Schutzraum mussten und auch dort fanden sie keine Ruhe durch Enge, Angst und Anspannung in Erwartung der Bombeneinschläge. Und tagsüber mussten sie sich ihr Leben in einer Ruinenstadt ohne funktionierende Versorgung und ohne Verkehrsmittel einrichten. Es war ein Kampf ums Überleben, der auch nach der Besetzung weiterging. Am 22. April 1945 wurde Stuttgart zunächst an die französische 1. Armee übergeben. Am 8. Juli schließlich übernahmen die Amerikaner die Stadt.

Der Krieg war vorbei und das Leben ging zwischen den Trümmern weiter. Die Erlebnisse des Luftkriegs haben die Überlebenden traumatisiert. Sie erleben immer wieder die Angstzustände und hören noch heute im Traum die Sirenen und das Grollen der anfliegenden Bomberstaffeln.

*Teile des Hauptbahnhofs wurden mit Notdächern wieder in Betrieb genommen, die Bombenkrater sind aber noch deutlich zu sehen. Die Häuser vom damaligen Hindenburg-Platz bis zur Panoramastraße sind noch stark zerstört (April 1946).*

# Der Wiederaufbau beginnt

Alfred Döblin beschrieb seine Eindrücke von Stuttgart nach dem Krieg: „Durch Zuwanderung von Flüchtlingen aus anderen Städten und Gegenden noch mehr geworden, bewegten sich hier die Menschen, auf der Straße zwischen den fürchterlichen Ruinen, wahrhaftig, als wenn nichts geschehen wäre und als wenn die Stadt immer so aussah. Auf sie wirkt der Anblick der zerbrochenen Häuser nicht." Das Leben der Menschen ging weiter und was man aus den Trümmern wieder verwenden konnte, wurde in der Bauausstellung 1947 gezeigt. Was nicht zu gebrauchen war, wurde am Neckar und auf dem Birkenkopf über der Flakfestung aufgeschüttet. Die Zeit direkt nach dem Krieg war keine Zeit der Neubauten. Zuerst musste das Vorhandene so gut wie möglich geflickt werden. Erst zehn Jahre später konnte man die Ruinen abreißen und etwas Neues, Modernes an seine Stelle setzen. Teilweise werden die Lücken, die der Feuersturm in Stuttgart gerissen hat, erst heute gefüllt. Viele erhaltenswerte Gebäude wurden in Zeiten abgerissen, in denen ein Wiederaufbau möglich gewesen wäre. Doch nicht nur Gebäude wurden vernichtet, vor allem an die Toten der Angriffe und die Menschen, die sie überlebt haben sei erinnert. In der Ansprache zur Neuweihe der Schlosskirche sagte der evangelische Landesbischof Wurm 1946: „Wir leben ja nicht nur in einem Trümmerfeld der Gebäude und Straßen. Wir leben auch in einem geistigen Trümmerfeld (...) Es sind Verheerungen angerichtet in dem ganzen Denken der Menschen, in ihrer ganzen Gesinnung."

*Vom Kronprinzenbau am Schloßplatz stand nach dem Krieg nur noch die Fassade. Nach dem Kleinen Schloßplatz entsteht an dieser Stelle jetzt das neue Kunstmuseum der Stadt Stuttgart (1946).*

*Blick von der Stiftskirche zum Rathaus. Die wichtigen Straßen wurden als Erstes geräumt und waren bald wieder befahrbar (1946).*

## Schuttgart

Schon während des Krieges wurde der Name der Stadt trotz der Schrecken des Luftkriegs für die Menschen zu „Schuttgart" verballhornt, Felsenmeer, Trümmerfeld, Steinwüste, Ruinenfeld sind die Worte, denen man immer wieder begegnete. Schon im Krieg hatte man Zettel gedruckt mit Einladungen zum Kellerfest in Stuttgart von 24.00 bis 4.00 Uhr. Eingangslieder waren „Mit Bomben und Granaten" und „Im tiefen Keller sitz' ich hier". Es folgten Vorträge von Professor „Splitterbombe" zum Thema „Was kommt von der Höh?" und Professor „Ratemal" über „Wo mögen sie jetzt sein?" Ausführende: Tommy-London und die Flak von Stuttgart und Umgebung. Auch aus anderen Städten sind solche Versuche, dem Grauen mit Humor zu begegnen, bekannt. Der Umgang der Menschen mit den Ruinen wurde bald vom Alltag überdeckt. Kinder spielten nun in den Ruinen und auf den Trümmerbergen.

*Notwohnungen, wie diese Küche, gehörten schon in der Kriegszeit zum Alltag (1947).*

*Trümmerverwertung im Stadtgarten, im Hintergrund die später gesprengte Garnisonskirche (1947).*

*Trümmeraufschüttung am Neckar, mit Triebwagen der Straßenbahn (1947).*

# Spuren der Vergangenheit

Auch heute noch lassen sich viele Spuren des Luftkriegs in unserer Stadt entdecken, wie die von den Bombern zerfurchten Fassaden des heutigen Hauses der Wirtschaft und anderer Häuser oder die verschiedenen Hochbunker; vor allem aber die Gedenkstätte auf dem Birkenkopf und die Grabstätten der Bombenopfer auf den Friedhöfen der Stadt. Doch auch weniger sichtbare gibt es: Häuser mit altem Sockelgeschoss und modernem Aufbau, die noch heute bestehenden Baulücken, Schriftzüge an Kellereingängen oder die zahlreichen Stollen und Tiefbunker. Der Umweltatlas des Stadtvermessungsamtes verzeichnet Gebäudeschäden, Sprengbomben und Sprengbombenblindgänger, um bei Bauarbeiten nicht unvorbereitet auf Blindgänger zu stoßen. So wurde am 29. Oktober 2003 bei Kanalarbeiten in der Reinsburgstraße eine britische Fünf-Zentner-Bombe geborgen.

*Gedenktafel auf dem Birkenkopf.*

*Zerstörter Reichsadler auf dem Birkenkopf – Das Ende des Deutschen Reiches.*

*Zeugen der Vergangenheit – der vom Verkehr umschlossene Bosch-Turm am Pragsattel.*

*Der Turmbunker an der Rosensteinbrücke – mit Blick auf das Neckartal.*

*Der Bunker am Bahnhof in Feuerbach: Bushaltestelle und Kiosk.*

*Das Ehrenfeld für die Opfer des Bombenkrieges auf dem Hauptfriedhof Steinhaldenfeld.*

Die nationalsozialistische Propaganda prägte den Begriff von Terrorangriffen und Terrorfliegern und versuchte damit, die Bevölkerung zum Durchhalten zu bewegen und ihre Position zu festigen. Der Begriff Terrorangriff weist darauf hin, dass die Angriffe als unberechtigt und als Kriegsverbrechen empfunden wurden, obwohl deutsche Militärs den Begriff auch für die eigenen Angriffe auf Städte verwendet hatten. Ein geltendes Luftkriegsrecht gab es in diesem Krieg allerdings nicht, sondern nur ein Gewohnheitsrecht, dem diese Angriffe zuwiderliefen. Allerdings zeigten schon die Angriffe auf die verteidigten Städte Rotterdam und Warschau, dass diese Unterscheidung für die Zivilbevölkerung keine Rolle mehr spielte. Auch der Tagesangriff der Amerikaner auf Swinemünde, das von starken Flakstellungen umgeben war und das militärische Rückgrat für die Versorgung Ostpreußens war, belegt dies. Der Badeort und Militärstützpunkt war zur gleichen Zeit Ziel zahlreicher Flüchtlinge aus dem Osten. Am 12. März 1945 starben ca. 20 000 Menschen, die auf einem nahe liegenden Berg, dem Golm, bestattet wurden. Zivilisten waren zum militärischen Objekt geworden, da alles auf die Kriegswirtschaft ausgerichtet war.

Wenn Jörg Friedrich von „Luftmassakern" spricht, trifft dies vor allem für die späten Angriffe zu. Die Emotionalität dieser Aussage trägt die Gefahr in sich, Applaus von der falschen Seite zu bekommen und als Entschuldigung für die deutschen Gräueltaten zu dienen. Ein einseitiger Opferkult und die Aufrechnung der Opferzahlen wird den Opfern aber nicht gerecht. Die Opfer Swinemündes, Guernicas, Warschaus, Rotterdams und auf der anderen Seite Dresdens haben dasselbe Gewicht.

Bleibt die Frage nach dem Sinn der Angriffe zu stellen. 100 000 alliierte Bomberbesatzungen, 40 000 englische Zivilisten, 609 000 deutsche Zivilisten, davon ungefähr 80 000 Kinder, wurden getötet, nicht gerechnet die Opfer von Warschau und anderen Orten. 917 000 Menschen wurden in Deutschland verletzt und 3,37 Mio. Wohnungen zerstört. Sie waren auf der einen Seite militärisch sinnvoll, da die Flächenbombardements in der Nacht die eigenen Verlustraten senkte, der Zuwachs der deutschen Rüstungsproduktion gebremst werden konnte und militärische Kräfte und Produktion von der Front entfernt gebunden wurde. Die so verzögerte Entwicklung neuer deutscher Waffen, die entlastete sowjetische Kriegsführung, die zerstörten Treibstoff- und Transportkapazitäten verkürzten den Krieg gegen ein verbrecherisches Regime. Schon der direkt nach dem Krieg angefertigte Strategic Bombing Survey, die Bilanz der USA, kam aber zum Schluss, dass das „moral bombing" seinen eigentlichen Zweck verfehlt hatte. Es kam nicht zum Aufstand der Bevölkerung gegen die Hitlerdiktatur. Die Moral wurde nicht gebrochen, es kam eher zu einem Zusammenschluss und zu einem verstärkten Durchhaltewillen in den Städten sowie starkem Widerstand an der Front und bei den Fliegern. Die Präzisionsangriffe, die auch Zivilopfer forderten, galten auf Seiten der Alliierten als wirksam. Der Kriegslogik folgend, hatte Großbritannien zu Beginn des Krieges praktisch keine Alternative zu den Flächenbombardements. Der Inselstaat verfügte über keine eigene Front, an der er hätte kämpfen können. Doch verselbstständigte sich dieser Bombenkrieg. In Überschätzung der internationalen Luftkriegsdoktrin des „moral bombing" führte er zu Tod und Vernichtung in Deutschland. Nach der Niederlage der deutschen Luftwaffe im Frühjahr 1945 waren weitere Angriffe durch nichts mehr zu rechtfertigen. Selbst englische Berichte bewerten die Auswirkungen der Bombardements eher negativ. In England entwickelte sich ein zwiespältiges Verhältnis zum Bombenkrieg, den Bombermannschaften und ihrem Kommandeur Bomber-Harris. So wurde Harris nach dem Krieg nicht geehrt. Die eigentliche Verantwortung Churchills für die Angriffe wird in England momentan intensiv diskutiert. Churchill selbst distanzierte sich nach dem Krieg von den Flächenbombardements. Der militärische Erfolg und die Zwänge des Krieges, so schwer sie auch abzuschätzen sind, rechtfertigen weder die Toten auf alliierter noch auf deutscher Seite. Es waren aber nicht nur deutsche Zivilisten, die den Angriffen zum Opfer fielen. Opfer waren genauso Kriegsgefangene, Zwangsarbeiter und KZ-Häftlinge. Für sie waren dabei die Bomber die Hoffnung auf ein baldiges Ende des Krieges. Ralph Giordano beschrieb dies so:
„Die Bomber waren für uns die zweite Gefahr. Die erste Gefahr war die Gestapo, als Synonym für das NS-Regime."

Die Auswirkungen der Flächenbombardements und der Präzisionsangriffe auf Stuttgart: Bei 53 Angriffen wurden mehr als 8000 Bomber gegen Stuttgart eingesetzt, 300 Bomber gingen dabei verloren. 4562 Tote und 8908 Verletzte waren zu beklagen. 57,5 % der Gebäude und drei Viertel der Stuttgarter Industrieanlagen waren zerstört. Die historische Innenstadt war komplett vernichtet. 4,9 Millionen $m^3$ Trümmer wurden bis 1953 aufgearbeitet. Die Stadt veränderte sich zur autofreundlichen Stadt. Die Gräber auf den Friedhöfen und die Bunker sind Mahnmäler, die daran erinnern, dass der Schrecken des Bombenkriegs dieser Stadt nicht noch einmal widerfahren dürfen.

Alle Luftmächte überschritten in diesem Krieg die Grenze zur Inhumanität. Die Gewaltspirale des totalen Krieges funktionierte auf beiden Seiten erschreckend gut. Die systematisch geplante und durchgeführte Vernichtungskampagne (Friedrich) darf nicht vergessen lassen, dass auch reguläre Bombenangriffe zu Opfern bei der Zivilbevölkerung geführt haben. Der Auslöser für diesen Krieg aber war der Angriffskrieg des Deutschen Reiches. Der Historiker Hans-Ulrich Wehler warnt: „Man hüte sich vor moralisierenden Urteilen." Doch bis heute steht eine internationale Ächtung des Bombenkriegs aus. Das Recht, welches Zivilisten im Kriegsfall schützt, hinkt immer noch hinter der technischen Entwicklung hinterher.

*Schreikrämpfe, Furcht, erstickt zu werden, bei lebendigem Leib zu verbrennen, verschüttet zu werden – das war Luftkrieg.*

Ralph Giordano

UNBEKANNT

# Weitere Bücher aus dem Wartberg Verlag für Ihre Region

**Wochenend' und Sonnenschein – Freizeitvergnügen an Rhein und Neckar 50er und 60er Jahre**
von Peter Blum und Kurt Möser
64 S., geb., zahlr. histor. S/w-Fotos
(ISBN 3-8313-1210-9)

**Ski und Rodel gut! Wintervergnügen im Schwarzwald**
von Martin Stingl und Jochen Rees
64 S., geb., zahlr. S/w-Fotos
(ISBN 3-8313-1128-5)

**Schulzeit auf dem Lande**
von Eugen Sauter
Fotografien aus den 50er Jahren
64 S., geb., mit zahlr. Farb- und S/w-Fotos, Großformat
(ISBN 3-86134-486-6)

**FZF Region Stuttgart**
von Dagmar Buth
200 Seiten, brosch., zahlreiche Farb- und S/w-Abbildungen
(ISBN 3-86134-894-2)

**Stuttgart - Fotografien von gestern und heute**
von Zita Bagbee
60 S., geb., zahlr. Farb- und S/w-Fotos
(ISBN 3-86134-934-5)

**Stuttgart lebt - Eine Stadt vor dem Wiederaufbau**
von Andreas Förschler
72 S., geb., zahlr. S/w-Fotos
(ISBN 3-86134-644-3)

**Stuttgart - Luftbilder von gestern und heute**
von Andreas Förschler und Manfred Czerwinski
48 S., geb., zahlr. Farb- und S/w-Fotos
(ISBN 3-86134-474-2)

**Ein Rundgang durch das alte Stuttgart**
von Andreas Förschler
64 S., geb., zahlr. S/w-Fotos
(ISBN 3-86134-554-4)

**Alt-Stuttgart – Auf den ersten Blick**
von Michael Wenger
48 S., geb., zahlr. S/w-Fotos
(ISBN 3-8313-1148-X)

**Erinnerungen an Stuttgart wie es einmal war**
von Michael Wenger
64 S., geb., zahlr. S/w-Fotos
(ISBN 3-8313-1147-1)

**Stuttgart und seine Stadtteile in den 50er Jahren**
von Bernd Ruof
64 S., geb., zahlr. S/w-Fotos, Großformat
(ISBN 3-8313-1041-6)

Wartberg Verlag GmbH & Co. KG
Im Wiesental 1 · 34281 Gudensberg-Gleichen · Telefon: (0 56 03) 9 30 50 · Fax (0 56 03) 30 83
www.wartberg-verlag.de